Rookie STAR™
Make a Difference

10 cosas que puedes hacer para
ahorrar electricidad

Jenny Mason

Asesora de contenido
Nanci R. Vargus, Ed.D.
Profesora Emérita de la Universidad de Indianápolis

Asesora de lectura
Jeanne M. Clidas, Ph.D.
Especialista en lectura

Scholastic Inc.

CONTENIDO

La nevera enfría la comida. La consola hace funcionar tus videojuegos. Los focos dan luz. Todos estos equipos usan electricidad. Para producir electricidad usualmente quemamos carbón, petróleo o árboles. Pero esos combustibles se están agotando. Además, **contaminan** el aire y dañan nuestro planeta. ¡Pero tú puedes ayudar! Hay muchas maneras de ahorrar electricidad.

1

Si no lo usas,

Muchos equipos gastan electricidad aun cuando están apagados, como las computadoras y los televisores. Son "vampiros de energía". Desconecta

¿Dónde están los vampiros de energía en tu casa?

desconéctalo

esos equipos cuando no los estés usando. Puedes tenerlos conectados a una extensión múltiple que se apague automáticamente.

Una extensión múltiple te permite cortar el suministro de electricidad a varios equipos a la vez cuando no los estás usando.

La electricidad es energía. La luz, el sonido, el calor y el movimiento son tipos de energía. La energía nunca desaparece, sino que se transforma. Por ejemplo, la energía eléctrica puede convertirse en luz, calor ¡e incluso en música!

2 Reemplaza los

El foco **incandescente** se inventó hace más de 100 años. Dentro de la bombilla, la electricidad calienta un hilo de metal que produce un brillante

Usa una lámpara de mesa en lugar de una de techo. Así ahorrarás electricidad.

focos viejos

resplandor. Hoy existen otros focos de gas o cristales. Dan más luz y gastan menos electricidad. Pide a tus padres que reemplacen los focos antiguos con otros que gasten menos energía. Los focos *CFL* ("lámpara fluorescente compacta") gastan mucha menos electricidad que los focos incandescentes.

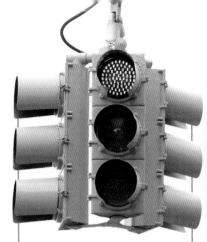

LED es un tipo de foco de luz. *LED* son las siglas en inglés de "diodo emisor de luz". El foco LED es ocho veces más eficiente que el incandescente y es muy popular. Estos focos se usan en pantallas de TV, semáforos y luces de Navidad.

Al quemar combustible para producir electricidad se liberan gases de efecto invernadero en el aire. Estos atrapan el calor del sol, por lo que la temperatura en la Tierra aumenta. Los casquetes polares comienzan a derretirse. El nivel del mar se eleva. Los efectos del cambio climático se sienten en todo el planeta. Llamamos energía renovable a la que no produce gases de efecto invernadero.

renovable

Si el hielo marino se derrite, los osos polares pierden su hábitat y zonas de caza.

La energía solar y la del viento son renovables.

La energía solar es la luz y el calor del Sol. Cada minuto llega mucha energía del Sol a la superficie de la Tierra. Bastaría para suministrar a todo el planeta de energía por un año. Parte de esa energía se puede guardar en paneles solares.

4 Frío y calor

La calefacción y el aire acondicionado gastan mucha electricidad. El viento y el sol no gastan ninguna. En los días de calor, abre las ventanas para que entre la brisa. En los días fríos, ciérralas. Pero abre las cortinas para que la luz del sol caliente la habitación.

Tener árboles junto a la casa ayuda a ahorrar electricidad. Los árboles dan sombra en verano y protegen del viento frío en invierno.

naturales

Método de calefacción
natural: tápate con una
manta para ver la TV.

5 Limpia los equipos

Los equipos electrónicos sucios gastan más energía. Si limpias los equipos, ahorrarás electricidad. Desempolva el televisor y la computadora.

Los equipos electrónicos sucios no sólo son desagradables. También gastan más electricidad.

¡LÍMPIAME!

electrónicos

Limpia las cubiertas de vidrio de las lámparas para que den más luz. Y limpia el filtro de la secadora de ropa.

Los equipos limpios duran más. Así habrá menos en la basura. Cada día en EE.UU. se desechan 130.000 computadoras. Y en todo el mundo suman más de 100.000 millones de libras (45 millones de toneladas métricas) de basura.

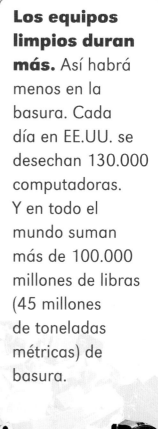

Las plantas de tratamiento de aguas permiten que haya agua potable en las casas. Para purificar el agua se usa mucha electricidad. Si ahorras agua, esas plantas gastarán menos electricidad. Cierra el grifo al cepillarte los dientes. Compite con tu familia para ver quién toma duchas más breves.

ahorrar electricidad

La electricidad que se produce en ríos, cascadas y presas (a la derecha) se llama hidroenergía. Así se produce el 85 por ciento de toda la energía renovable del mundo.

Nuevos usos para

Fabricar ropa y juguetes requiere mucha electricidad. En vez de comprar cosas nuevas, **recicla** las que tienes. Usa las dos caras

Reciclar no sólo ahorra electricidad. ¡También puede ser muy divertido!

cosas viejas

del papel al dibujar.
Guarda los pinceles en
un cartón de leche. ¿Qué
otras ideas se te ocurren?

Reciclar una lata de aluminio ahorra electricidad suficiente para hacer funcionar un televisor por tres horas. Y se gasta 95 por ciento menos energía para hacer una lata de aluminio reciclada que una nueva.

Una bota de lluvia puede convertirse en una maceta, ¡y un periódico en un portalápices!

Las **pilas** dan energía a muchos equipos.
Tu cuerpo es como una pila. ¡Y la energía
de tu cuerpo es renovable! No viajes en
auto si puedes ir a un sitio caminando
o en bicicleta. Si el día está soleado, no
pongas la ropa en la secadora, ¡cuélgala
al aire libre!

El foco "come" electricidad
para producir luz. Parte de esa
energía se desperdicia generando
calor. La luciérnaga convierte lo
que come sólo en luz. No genera
calor. ¡Es el "foco" más eficiente
de la Tierra!

como una pila

No uses el soplador de hojas. Recoge las hojas en otoño con un rastrillo.

Diversión sin

El estéreo, la tableta y los videojuegos son divertidos, pero gastan electricidad. Haz música con las manos, la boca o los pies. Lee un

¡Estos chicos se divierten sin gastar electricidad!

electricidad

libro en vez de mirar la TV. Disfruta un deporte o un juego de mesa. ¡Ahorrar electricidad puede ser muy divertido!

¡Haz tu propia banda musical con ollas y cazuelas!

Algunas consolas de juego gastan más electricidad que una nevera. Una nevera puede gastar sólo 350 kilovatios de electricidad al año. ¡Un juego de video en una TV de plasma puede gastar 1.685 kilovatios al año!

Habla sobre el ahorro de energía

Has aprendido mucho sobre cómo ahorrar electricidad. Y sabes que malgastar energía contribuye al cambio climático. Comparte con otros lo que sabes. ¡Motívalos a ahorrar energía!

Recuerda que tú también eres una fuente de energía renovable. La energía que usas para montar en bicicleta por una hora podría alimentar siete focos por ese mismo tiempo.

Explícales a tus amigos que ellos también pueden ahorrar electricidad.

25

TGIF: Calefacción para

Quizás te preguntes si **los niños pueden ayudar.** Cuando estaba en quinto grado, Cassandra Lin (izquierda) supo que algunos de sus vecinos no podían pagar la calefacción en invierno. Les pidió a cinco amigos que recogieran aceite

usado en restaurantes. Llevaron el aceite a una refinería, donde lo convirtieron en biodiésel. La compañía de electricidad convirtió el biodiésel, un combustible que produce energía renovable, en electricidad gratuita para familias necesitadas. Así nació el proyecto "De grasa a combustible" (TGIF por sus siglas en inglés).

Infográfica

No más vampiros de electricidad

Consola de juegos: 289 kWh al año desperdiciados

Computadora portátil: 144 kWh al año desperdiciados

TV de plasma: 1.452 kWh al año desperdiciados

Gastos principales de energía
(en un hogar estadounidense promedio)

	porcentaje usado	
tv/juegos/computadora		30%
aire acondicionado		22%
luz		14%
calefacción		9%
agua caliente		9%
nevera		8%
cocina		7%

0 5 10 15 20 25 30

porcentaje usado

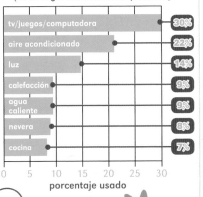

28

Nota: Los porcentajes no suman 100 porque han sido redondeados.

Glosario

contaminar: ensuciar o hacer impuro algo

incandescente: que brilla con intensa luz y emite calor

pila: dispositivo lleno de sustancias químicas que producen energía eléctrica

reciclar: procesar objetos viejos y usados para hacer nuevos productos

Índice

Sobre la autora

Jenny Mason vive en Colorado, cerca de donde se produjo electricidad por primera vez con el agua de una cascada. A Jenny le encanta acampar, jugar al tenis y montar en bicicleta.

Más información

Visita este sitio en inglés de Scholastic para obtener más información sobre cómo ahorrar electricidad:

www.factsfornow.scholastic.com

Usa las palabras clave **Save Electricity**

Library of Congress Cataloging-in-Publication Data
A CIP catalog record for this book is available from the Library of Congress.

Originally published as *10 Things You Can Do to Save Electricity*

Produced by Spooky Cheetah Press
Design by Judith Christ-Lafond

© 2017 by Scholastic Inc.
Spanish translation © 2018 by Scholastic Inc.

ISBN 978-0-531-22859-3 (library binding) | ISBN 978-1-338-18780-9 (pbk.)

10 9 8 7 6 5 4 3 2 1   17 18 19 20 21

Printed in China   62
First Spanish printing 2017

Photos ©: cover dress: nuiiko/Fotolia; cover girl: manley099/Getty Images; cover sky: Elenamiv/Shutterstock, Inc.; cover grass: Anan Kaewkhammul/Shutterstock, Inc.; cover yellow butterflies: kurga/Thinkstock; cover red butterflies: Cezar Serbanescu/Getty Images; cover foco: bergamont/Shutterstock, Inc.; 2 top luz: Michael Kraus/Shutterstock, Inc.; 2-3 grass and throughout: djgis/Shutterstock, Inc.; 3 bottom right: NoraDoa/Fotolia; 3 top luzs: Michael Kraus/Shutterstock, Inc.; 4, 5 background: chungking/Shutterstock, Inc.; 5 top: antoniotruzzi/Thinkstock; 5 center: GooGag/Shutterstock, Inc.; 5 bottom: Sarunyu_foto/Shutterstock, Inc.; 6 left: Marc Monés; 6 right: bopav/Thinkstock; 7 top: Tuned_In/ Thinkstock; 7 bottom: bopav/Thinkstock; 8: Artranq/Dreamstime; 9: ericsphotography/iStockphoto; 10, 11 background: freezingpicture/ Shutterstock, Inc.; 11 inset: Patrice Lange/Thinkstock; 12: Matej Kotula/Shutterstock, Inc.; 13: Ghislain & Marie David de Lossy/Getty Images; 14 bottom left: Serhiy Kobyakov/Fotolia; 14 computadora: spaxiax/Fotolia; 14 screen: component/Shutterstock, Inc.; 15: Family Business/Fotolia; 16, 17 background: LiuNian/Thinkstock; 17 inset: Meinzahn/Thinkstock; 18: Benjamin A. Peterson/Mother Image/Fuse/Thinkstock; 19 bottom left: Lynne Sutherland/Alamy Images; 19 bottom right: Alexandra Grablewski/MCT/Newscom; 19 top crane: markobe/Fotolia; 19 top recycling: Skarie20/Dreamstime; 20: Phil Degginger/Alamy Images; 21: Ron Chapple/Media Bakery; 22: Pressmaster/Shutterstock, Inc.; 23 bottom: PeopleImages/Media Bakery; 23 top: GooGag/Shutterstock, Inc.; 24: jonas unruh/iStockphoto; 25: SerrNovik/Thinkstock; 26-27: Jason Lin; 28-29: Marc Monés; 30 top: rakim-/Thinkstock; 30 center top: Sarunyu_foto/Shutterstock, Inc.; 30 center bottom: Overcrew55/Dreamstime; 30 bottom: Skarie20/Dreamstime.